AUX CHAMBRES.

NE PRÉCIPITONS RIEN,

OU

UN MOT SUR L'ABOLITION

DE LA TRAITE DES NOIRS.

PARIS,

DE L'IMPRIMERIE DE DOUBLET, RUE GÎT-LE-CŒUR.

1818.

AVERTISSEMENT.

Avant d'entrer en matière, il est nécessaire d'avoir sous les yeux les articles des divers traités sur lesquels se base la proposition faite par le Ministre. Les voici textuellement rapportés ; je prie le lecteur d'y porter attention.

ARTICLES DES TRAITÉS

CONCERNANT L'ABOLITION DE LA TRAITE.

TRAITÉ DE PARIS, DU 30 MAI 1814.

Articles additionnels au Traité avec la Grande-Bretagne.

Art. Ier. Sa Majesté très-chrétienne partageant sans réserve tous les sentimens de Sa Majesté britannique, relativement à un genre de commerce *que repoussent les principes de la justice naturelle et les lumières du tems où nous vivons*, s'engage à unir, au futur congrès, tous ses efforts à ceux de Sa Majesté britannique, pour faire prononcer par toutes les *puissances de la chrétienté* (1), l'abolition de la traite des noirs, de telle sorte que ladite traite cesse universellement, comme elle cessera définitivement et dans tous les cas de la part de la France, dans un délai de cinq années, et qu'en outre, pendant la durée de ce délai, aucun trafiquant d'esclaves n'en puisse importer ni vendre ailleurs que dans les colonies de l'Etat dont il est sujet.

II. Le gouvernement britannique et le gouvernement français nommeront incessamment

des commissaires pour liquider leurs dépenses
respectives pour les prisonniers de guerre, etc.

III. Les prisonniers de guerre, etc.

TRAITÉ DU 20 NOVEMBRE 1815.

ARTICLE ADDITIONNEL (*isolé*).

Les hautes puissances contractantes, désirant
sincèrement de donner suite aux mesures dont
elles se sont occupées au congrès de Vienne,
relativement à l'abolition complète et univer-
selle de la traite des nègres d'Afrique, et ayant
déjà, *chacun dans ses États*, défendu sans res-
triction à leurs colonies et sujets, toute part
quelconque à cette traite, s'engagent à réunir de
nouveau leurs efforts pour assurer le *succès final*
des principes qu'elles ont proclamés dans la déclaration du 4 février 1815, et à concerter, *sans
perte de tems* (2), par leurs *ministres aux cours
de Paris et de Londres*, les mesures *les plus effi-
caces* pour obtenir l'abolition entière et défi-
nitive d'un commerce aussi odieux et aussi hau-
tement réprouvé par les lois de la religion et de
la nature.

Le présent article additionnel aura la même
force, etc.

En foi de quoi, etc.

UN MOT

SUR L'ABOLITION DE LA TRAITE.

———

On s'étonne qu'un congrès de puissances européennes, réunies pour établir les bases d'une paix durable, ait placé, au nombre de ses actes, l'abolition de la traite des nègres, qui, certes, n'a rien de commun avec les déchiremens de l'Europe, que l'on se propose de calmer et de prévenir.

La puissance même qui a pris l'initiative sur une proposition aussi étrangère au but du congrès, paraît avoir été embarrassée de la produire, et l'a furtivement glissée au milieu d'articles hétérogènes, surpris de se trouver ensemble (3).

Les traités des 30 mai 1814 et 20 novembre 1815, que nous avons sous les yeux, nous indiquent que les Africains doivent à l'Angleterre un bienfait aussi signalé. Il sera difficile toutefois de déterminer le degré de reconnaissance auquel Sa Majesté britannique peut avoir des droits ; car, lorsqu'il s'agit de bienfait, l'intention doit être le principal mérite.

Une fois que nous connaissons le génie bienfaisant qui a provoqué la mesure : nous devinons aussitôt le but proposé et comment on y est parvenu.

Il importait peu, sans doute, à la Russie, à la Prusse, à l'Autriche, à la Bavière, etc., et à tous les princes d'Allemagne qui formaient la majorité du congrès, de voter pour l'abolition de la traite, puisque ces puissances n'ont aucune colonie où la traite soit d'une nécessité indispensable.

Celles dont cette proposition pouvait atteindre les intérêts se trouvaient en minorité, et l'on ne peut se tromper maintenant sur les motifs qui ont pu les porter à accéder à cette mesure.

Le roi des Pays-Bas a cru pouvoir sacrifier les intérêts coloniaux de la Hollande à la reconnaissance qu'il devait à l'Angleterre. Quelque lourd que soit le fardeau d'un trône, on n'a jamais regardé d'un mauvais œil celui qui vous l'impose. Si le prince est reconnaissant ; la nation ne peut être ingrate, et il est naturel qu'elle soit chargée des frais du *joyeux avénement.*

L'Espagne, sans se mettre en peine des suites de sa détermination, a mis à prix l'acte d'humanité que lui demandait l'Angleterre, et la quittance de quatre cent mille livres sterling qu'elle en a dû fournir, est bien suffisante pour légitimer cette stipulation.

Quant à la France, son accession paraît n'être qu'un vœu en faveur de l'humanité, et l'effet d'un sentiment noble dont rien n'altère la pureté.

Sa Majesté très-chrétienne s'engage (est-il dit au traité du 30 mai 1814) *à unir tous ses efforts à ceux de Sa Majesté britannique pour faire prononcer, par toutes les puissances de la chrétienté, l'abolition de la traite des noirs.*

Cet engagement est le premier élan de l'amour du bien. Le calme de la raison doit en régler l'effet; méditons sur celui que l'on voudrait lui donner, apprécions à leur juste valeur les efforts de l'Angleterre, et le prétexte généreux dont elle voile des projets funestes.

Sans doute l'humanité condamne depuis long-tems le commerce odieux de la traite des nègres; mais elle réclame aussi contre bien d'autres violations de ses droits.

Je ne sais si la puissance qui prend tant à cœur les intérêts du genre humain, s'accommoderait des réformes possibles, et y accéderait avec le zèle qui, dans ce cas-ci, paraît l'animer.

Si nous sommes cruels, parce que nous achetons des noirs pour nous aider au travail de la culture; quelle dénomination faudra-t-il donner à ceux qui achètent des blancs en Europe pour civiliser à coups de canon des contrées lointaines.

Serait-ce donc par amour pour l'humanité que l'on met à la disposition d'une compagnie avide, le sort de cent nations indiennes; qu'on détrône leurs princes; et que l'on fait servir, à la cupidité mercantile, les fléaux réunis de la guerre et de la famine?

Non... On ne peut en imposer à personne par un faux étalage de sentimens que démentent des actions constamment opposées. Un loup est toujours un loup, aurait-il revêtu l'habit d'un berger et saisi sa houlette.

D'après l'article additionnel de l'abolition de la traite, qui ne croirait que l'Angleterre a donné depuis long-tems l'exemple de son hommage aux principes qu'elle proclame et dont elle presse l'exécution chez les autres peuples? Sans doute, la traite des nègres est abolie dans toutes ses colonies; le commerce des esclaves est interdit!... Sans doute, il y règne une surveillance assez active pour que la fraude en ce genre soit sévèrement punie, et qu'il n'aborde pas un seul Africain sur les rivages anglais!...

Pour fixer à cet égard nos incertitudes, voyons l'état de ses colonies, interrogeons ceux

qui les fréquentent,.... et nous jugerons en-
suite (4).

Cependant, pour faire le bien, l'Angleterre
n'attend pas le terme fixé par l'acte d'abolition;
elle poursuit avec une chaleur vraiment digne
d'éloges tout bâtiment négrier destiné pour les
colonies... autres que les siennes; elle poursuit
ces bâtimens jusques dans les ports, et deman-
derait volontiers aux divers gouvernemens qui
les reçoivent encore, une réparation de cet at-
tentat.

Qui ne reconnaîtrait à cette conduite le zèle
qu'inspire l'humanité *à des cœurs compâtis-
sans*?... qui ne serait touché de la philantropie
du cabinet de Saint-James, en considérant les
peines qu'il se donne près des puissances réunies
ou isolées, ses sollicitations, ses instances, ses
soins à ramener l'attention du congrès sur le
but édifiant qu'elle se propose? Toutes les res-
sources de la diplomatie, promesses, séductions,
argumens irrésistibles, rien n'est négligé pour
assurer aux Africains *la propriété de leur personne*. En vérité, peut-on, sans verser des
larmes de sensibilité, voir le trésor de Londres
s'ouvrir afin d'engager l'Espagne à prohiber un
commerce que *réprouvent la religion et la nature*? Pour faire triompher une si belle cause,
on ne regarde point aux sacrifices..... dix mil-

lions..... ne sont rien pour un gouvernement aussi humain que généreux !

Hélas ! le serpent est caché sous les fleurs, et Ferdinand VII ne tardera pas à être désabusé... Il n'a pas su ce qu'était la générosité des Grecs!... générosité funeste, qui charge ce monarque de tout l'odieux d'une mesure qui va porter la désolation dans les colonies espagnoles, et les détacher sans retour d'une métropole qui trafique ainsi de leur prospérité !

Ainsi, l'Angleterre arrive à son but.... (l'indépendance et l'anéantissement des colonies à son profit.)

Du moment où elle s'est assurée de la possession exclusive de l'Inde, la perte des Antilles a été décidée. Son plan, constamment suivi, a amené la rébellion des nègres, qu'elle a excitée partout ; et les désastres de Saint-Domingue, qui sont aussi son ouvrage, n'étaient que l'exécution d'un projet qui reçoit ici son complément.

Qu'il soit donc écrit en caractères ineffaçables pour tous les peuples, que, chez certaines puissances, l'humanité n'est qu'un vain nom, sous lequel se cache l'amour de l'or et l'égoïsme le plus révoltant.

Il est clair que les colonies, ne pouvant plus remplacer les pertes qui journellement s'augmentent, abandonneront forcément une partie de leur culture. Elles ne pourront se soutenir qu'en exigeant plus de travail de leurs exclaves, et cette exigeance augmentera encore la dépopulation; ou bien la culture se fera par des hommes libres, et le prix de ces auxiliaires mettra les denrées hors de concurrence avec les denrées de l'Inde. Les Européens ne connaîtront bientôt plus que les marchés de l'Angleterre, qui, profitant du piège tendu aux puissances ses rivales, se rira de leur innocente candeur.

Cependant le Ministère vient de proposer aux Chambres de sanctionner de nouvelles mesures d'exécution pour l'abolition de la traite. Ici, se montre à découvert la bonne foi du gouvernement et son zèle à satisfaire aux moindres articles des traités qui peuvent lui paraître des engagemens.

Dans ces circonstances aussi, les Chambres doivent se montrer fermes dans la conservation des intérêts de la France, en conciliant cette obligation avec le respect que l'on doit aux traités.

Mais avant de prononcer sur la proposition des Ministres, il est une question préliminaire et très-importante, qui demande toute l'attention des Chambres.

Voulons-nous conserver nos colonies? ou la France veut-elle y renoncer?

Il me semble que puisque le peu qui nous

en reste fait encore envie à l'esprit d'envahisse-
ment qui, depuis vingt-cinq ans, nous a dépouillé
de nos plus belles possessions, il nous est per-
mis de penser qu'on doit y attacher quelqu'importance et qu'elles en méritent.

Si nous voulons les conserver, n'accédons pas
à une mesure qui les détruit. Ce n'est que par
suite des tems qu'on pourra arriver à l'exécution
de cette théorie de principes bons à voir réa-
liser un jour; mais une révolution si subite dans
le système colonial le renverse par le fait, puis-
qu'il ne subsiste maintenant que par les bras
qu'on veut en exclure.

Si les Chambres au contraire se décidaient à
y renoncer, qu'elles le déclarent ouvertement;
cette franchise serait plus honorable et plus
digne de notre gouvernement, que de paraître
l'organe involontaire de la politique anglaise et
l'instrument aveugle de sa ruse.

Mais nos Chambres, si éminemment nationales
pourraient-elles se décider à stipuler ainsi les
intérêts de l'Angleterre ? Comment accoutumer
la France à acheter de l'étranger et au prix
qui lui conviendra, des produits dont l'importance est presque égale aux objets de pre-
mière nécessité ? Quel serait donc cet acte de
la législature qui nous mettrait à la merci de
nos rivaux, je dirais presque de nos ennemis (5).

Ah ! si des motifs que je ne puis prévoir, portait les Chambres à accueillir un semblable projet, je les supplierais, au nom de toute la France, de completter cette mesure : nos colonies étant destinées à périr de défaillance, il serait peut-être un moyen de leur donner une nouvelle vie par une force particulière dont l'essai exige cependant des précautions. Ce moyen, le voici..... rendons la liberté aux noirs, proclamons l'affranchissement des esclaves, avec des réglemens capables d'adoucir un régime trop fort pour leurs habitudes morales ; attachons-les au sol, donnons leur une patrie, et ne les exposons pas à la tentative d'une rebellion si digne d'exciter le zèle des amis de l'humanité.

Ne précipitons rien, au reste....... Qui sait si la proposition faite au congrès, de l'abolition de la traite, ne cache pas, de la part de l'Angleterre, l'intention prochaine de donner à toute l'Europe un exemple de modération et de retour au principes du droit des gens? L'Inde alors resterait à ceux que la nature y a placés; alors le commerce et la mer n'étant plus la propriété exclusive du plus fort, deviendraient un objet d'exploitation pour l'industrie de tous les peuples; alors la France, jouissant, comme autrefois, de l'avantage commun, pourrait un jour suppléer aux produits qu'elle ne trouverait plus dans ses colonies; alors aussi elle recevrait, sans danger et avec un intérêt mêlé de reconnaissance, le projet de l'abolition de la traite, avec des ménagemens appropriés cependant à notre situation coloniale.

En attendant cette espèce de restauration de l'Europe commerçante, gardons-nous du zèle des *réparateurs des droits de la religion et de la nature*. Notre religion vaut la leur; nous connaissons les devoirs qu'elle nous impose, et son bienfaisant esprit; nous ne sommes pas non plus moins accessibles qu'eux aux douces impulsions de la nature, dont les droits ne parlent jamais en vain aux cœurs des Français.

Faisons le bien, mais avec mesure; et dans le moment actuel, rien ne nous force de nous hâter. Il me semblait que Sa Majesté très-chrétienne, *en s'engageant à unir ses efforts à ceux de Sa Majesté britannique pour faire prononcer par toutes les puissances de la chrétienté, l'abolition de la traite*, avait déjà donné une belle satisfaction à la sensibilité du cabinet de Saint-James; et que le roi de France ne pouvait montrer plus de déférence aux vœux du congrès, qu'en manifestant officiellement le désir de voir ses sujets renoncer au commerce des esclaves.

Que pouvait-on faire de plus pour *les lumières du tems où nous vivons* et pour *la justice naturelle de l'Angleterre ?*

Il n'est donc aucun motif raisonnable de faire opérer, par des moyens de rigueur, l'exécution d'un acte dont le but et les termes présentent des sentimens de bienfaisance envers des peuples qui refuseraient probablement un tel bienfait.

L'acte d'accession dont il s'agit ne peut être considéré que comme une déclaration de principes dont l'exécution, subordonnée à la situation des divers états, se recommande à la sagesse et à la volonté des princes qui gouvernent. C'est un acte d'humanité dont l'inexécution, *même absolue*, ne peut porter préjudice à aucun de ceux qui ont pris part à cet acte.

Cet acte n'a de véritables intéressés que les Africains, envers qui l'Europe paraît renoncer à une faculté de commerce et à ses habitudes. Eux seuls (s'ils avaient paru au traité) pourraient demander l'exécution d'un contrat qui lierait alors les puissances européennes à leur égard.

Or, il est constant que les princes africains n'ont point paru au traité du 20 novembre 1815, et je doute fort qu'ils soient tentés d'accéder à ce fameux acte d'humanité qu'ils ne solliciteront point de la charité européenne.

Ainsi en rejettant la proposition des ministres, la France ne commet aucune infraction à des traités dont elle respecte même les rigueurs.

L'infraction suppose une lésion dans les intérêts des parties contractantes : or il est évident,
d'après l'expression même du traité, qu'il n'y
est question d'aucun autre intérêt que de celui
des lumières du tems, de la religion et de l'humanité.

Les Chambres ne seront donc point consul-
tées en vain sur une mesure pour laquelle leur
sanction a paru nécessaire. Leur refus ne peut
heurter, ni altérer en rien les relations poli-
tiques des puissances de l'Europe, et leur adhé-
sion au projet qui leur est présenté serait tel-
lement opposée aux intérêts de la France, qu'on
ne peut en concevoir la pensée.

Nous accorderons volontiers à l'Angleterre
(si elle y attache quelque importance) l'initiative d'une proposition dont elle mérite les hon-
neurs ; nous paraîtrons moins zélés qu'elle pour
le bien d'une partie du monde ; c'est un reproche
que nous aurons à nous faire, mais il ne peut
qu'honorer la fermeté et les lumières des re-
présentans de la France. Leur opposition cons-
tatera la fidélité du prince à ses engagemens ;
elle conciliera la dignité du trône et les principes d'humanité qu'il a proclamés, avec l'intérêt de la France et celui de nos colonies.

www.ingramcontent.com/pod-product-compliance
Lightning Source LLC
Chambersburg PA
CBHW061211050726
47594CB00008B/3640